»Sei gut zu dir«

Ermunterungen

Ausgewählt von Clara Paul

AF204672

Insel Verlag

Insel-Bücherei Nr. 2526

»Sei gut zu dir«

»Immer versucht. Immer gescheitert. Einerlei.
Wieder versuchen. Wieder scheitern. Besser scheitern.«
Samuel Beckett

MIROSLAV HOLUB
Die Tür

Geh und öffne die Tür.
Vielleicht ist draußen
ein Baum oder ein Wald
oder ein Garten
oder eine magische Stadt.

Geh und öffne die Tür.
Vielleicht kratzt ein Hund draußen.
Vielleicht ist ein Gesicht draußen
oder ein Auge
oder das Bild
eines Bildes.

Geh und öffne die Tür.
Ist Nebel draußen,
wird er fallen.

Geh und öffne die Tür.
Und wäre draußen nur
fiepende Finsternis,
und wäre draußen nur
hohler Windhauch,
und wäre

gar nichts
draußen,

geh und öffne die Tür.

Zumindest
Zugluft
wird sein.

GÜNTER KUNERT
Ikarus 64

1

Fliegen ist schwer:
jede Hand klebt am Gehebel von Maschinen:
geldesbedürftig.
Geheftet die Füße
an Gaspedal und Tanzparkett. Fest eingenietet
der Kopf im stolzen im fortschrittlichen
im vorurteilsharten
Sturzhelm.

2

Ballast: das mundwarme Eisbein
in der Familiengruft des Magens.
Ballast: das finstere Blut
gestaut an hervorragender Stelle
gürtelwärts.
Töne
erster zweiter neunter dreißigster Symphonien
ohrhoch gestapelt zu kulturellem Übergewicht.
Verpulverte Vergangenheit
in handlichen Urnen verpackt.
Tankweis Tränen im Vorrat unabwerfbare:
Fliegen ist schwer.

3

Dennoch breite die Arme aus und nimm
einen Anlauf für das Unmögliche.
Nimm einen langen Anlauf damit du
hinfliegst
zu deinem Himmel
daran alle Sterne verlöschen.
Denn Tag wird.
Ein Horizont zeigt sich immer.
Nimm einen Anlauf.

PEDRO SALINAS
Wach auf

Wach auf. Es ruft dich der Tag
zu deinem Leben: deiner Pflicht.
Zu nichts als zu leben.
Entreiße der Nacht,
die verneinte, und den Schatten,
die ihn verbargen, diesen Körper, den,
auf Zehenspitzen,
das Licht des Morgens erwartet.
Steh auf, folge dem geraden Willen,
dem schlichten, die reine
aufrechte Jungfrau zu sein.
Miss das Temperament deines Körpers.
Kalt, warm? Dein Blut wird's dir sagen,
gemessen am Schnee
hinter dem Fenster;
es wird dir sagen
die Farbe auf deinen Wangen.
Und betrachte die Welt. Und raste,
füg nur einem weiteren Tag
deine Vollkommenheit hinzu.
Deine Aufgabe ist,
dein Leben in der Höhe zu halten,
spiele mit ihm, schleudere es

in die Wolken, wie eine Stimme,
damit es die Lichter sammle,
die uns schon entschwunden sind.
Dies ist dein Schicksal: dich zu leben.
Tu nichts.
Dein Werk bist du, weiter nichts.

ERICH KÄSTNER

Warnung

Ein Mensch, der Ideale hat,
der hüte sich, sie zu erreichen!
Sonst wird er eines Tags anstatt
Sich selber andren Menschen gleichen.

ROBERT GERNHARDT

Sinngedicht

Sei gut zu dir.
Die Welt ist schlecht.
Das Unrecht blüht,
nimm dir das Recht
und tu den Schritt
zum Ich vom Wir:
Die Welt ist schlecht.
Sei gut zu dir.

MASCHA KALÉKO

Rezept

Jage die Ängste fort
Und die Angst vor den Ängsten.
Für die paar Jahre
Wird wohl alles noch reichen.
Das Brot im Kasten
Und der Anzug im Schrank.

Sage nicht mein.
Es ist dir alles geliehen.
Lebe auf Zeit und sieh,
Wie wenig du brauchst.
Richte dich ein.
Und halte den Koffer bereit.

Es ist wahr, was sie sagen:
Was kommen muss, kommt.
Geh dem Leid nicht entgegen.
Und ist es da,
Sieh ihm still ins Gesicht.
Es ist vergänglich wie Glück.

Erwarte nichts.
Und hüte besorgt dein Geheimnis.

Auch der Bruder verrät,
Geht es um dich oder ihn.
Den eignen Schatten nimm
Zum Weggefährten.

Feg deine Stube wohl.
Und tausche den Gruß mit dem Nachbarn.
Flicke heiter den Zaun
Und auch die Glocke am Tor.
Die Wunde in dir halte wach
Unter dem Dach im Einstweilen.

Zerreiß deine Pläne. Sei klug
Und halte dich an Wunder.
Sie sind lang schon verzeichnet
Im großen Plan.
Jage die Ängste fort
Und die Angst vor den Ängsten.

PETER RÜHMKORF

Bleib erschütterbar und widersteh

Also heut: zum Ersten, Zweiten, Letzten:
allen Durchgedrehten, Umgehetzten,
was ich, kaum erhoben, wanken seh,
gestern an- und morgen abgeschaltet:
Eh dein Kopf zum Totenkopf erkaltet:
Bleib erschütterbar – doch widersteh.

Die uns Erde, Wasser, Luft versauen
(Fortschritt marsch! mit Gas und Gottvertrauen)
Ehe sie dich einvernehmen, eh
du im Strudel bist und schon im Solde,
wartend, dass die Kotze sich vergolde:
Bleib erschütterbar – und widersteh.

Schön, wie sich die Sterblichen berühren –
Knüppel zielen schon auf Herz und Nieren,
dass der Liebe gleich der Mut vergeh ...
Wer geduckt steht, will auch andre biegen
(Sorgen brauchst du dir nicht selber zuzufügen;
alles, was gefürchtet wird, wird wahr –)
Bleib erschütterbar
Bleib erschütterbar – und widersteh.

Widersteht! im Siegen Ungeübte;
zwischen Scylla hier und dort Charybde
schwankt der Wechselkurs der Odyssee …
Finsternis kommt reichlich nachgeflossen;
aber du mit – such sie dir! – Genossen!
teilst das Dunkel, und es teilt sich die Gefahr
Leicht und jäh – –
Bleib erschütterbar –
Bleib erschütterbar – doch widersteh.

BERTOLT BRECHT

Gegen Verführung

1

Lasst euch nicht verführen!
Es gibt keine Wiederkehr.
Der Tag steht in den Türen,
Ihr könnt schon Nachtwind spüren:
Es kommt kein Morgen mehr.

2

Lasst euch nicht betrügen!
Das Leben wenig ist.
Schlürft es in vollen Zügen!
Es wird euch nicht genügen,
Wenn ihr es lassen müsst!

3

Lasst euch nicht vertrösten!
Ihr habt nicht zu viel Zeit!
Lasst Moder den Erlösten!
Das Leben ist am größten:
Es steht nicht mehr bereit.

4

Lasst euch nicht verführen!
Zu Fron und Ausgezehr!
Was kann euch Angst noch rühren?
Ihr sterbt mit allen Tieren
Und es kommt nichts nachher.

HANS MAGNUS ENZENSBERGER

Ein ominöser Ratschlag

Überall Schilder mit Warnungen,
Verbote und Menetekel!
Sei versichert, dass es
gegen das Unglück
keine Versicherung gibt.

Die Vorsicht kann leicht
ins Auge gehen. Ja, du bist
auf der Hut, nimmst dich
immer in Acht, mein Lieber.
Und was folgt daraus?

Zu viel Umsicht sorgt dafür,
dass du alles verpasst,
worauf es ankommt.

RAINER MALKOWSKI
Mach weiter

Blitz und Donner
begleiten es nicht.
Es ist einfach da,
von einer Sekunde
zur andern.
Nüchternes Bewusstsein
des Scheiterns.
So beiläufig
überzeugt es.
Das Licht geht nicht aus.
Wir sind nicht im Theater.
Jetzt weitermachen.
Mach weiter –: freier.

PETER RÜHMKORF

Auf was nur einmal ist

Für Heinrich Maria Ledig-Rowohlt

Manchmal fragt man sich: ist das das Leben?
Manchmal weiß man nicht: ist dies das Wesen?
Wenn du aufwachst, ist die Klappe zu.
Nichts eratmet, alles angelesen,
siehe, das bist du.

Und du denkst vielleicht: ich gehe unter,
bodenlos und fürchterlich –:
Einer aus dem großen Graupelhaufen,
nur um einen kleinen Flicken bunter,
siehe, das bin ich.

Aber dann, aufeinmalso, beim Schlendern,
lockert sich die Dichtung, bricht die Schale,
fliegen Funken zwischen Hut und Schuh:
Dieser ganz bestimmte Schlenker aus der Richtung,
dieser Stich ins Unnormale,
was nur einmal ist und auch nicht umzuändern:
siehe, das bist du.

WISŁAWA SZYMBORSKA
Im Gewimmel

Ich bin, der ich bin.
Ein Zufall, unbegreiflich
wie jeder Zufall.

Ich hätte andere Ahnen
haben können,
und schon wäre ich einem andern Nest
entflogen,
schon unter einem andern Stamm
verpuppt hervorgekrochen.

In der Garderobe der Natur
sind viele Kostüme.
Das Kostüm der Spinne, der Möwe, der Feldmaus.
Sie passen sogleich wie angegossen
und werden brav getragen
bis zum Verschleiß.

Auch ich hatte keine Wahl,
doch beklage ich mich nicht.
Ich hätte weniger
einmalig sein können.

Jemand von der Sandbank, vom Ameisenhaufen,
vom summenden Schwarm,
ein vom Wind getriebenes Teilchen der Landschaft.

Jemand, weit weniger glücklich,
gezüchtet für einen Pelz,
für eine Festtagstafel;
etwas, das unter Glas schwimmt.

Ein Baum, der Erde verhaftet,
dem sich das Feuer nähert.

Ein Halm, zertreten
vom Lauf der unbegreiflichen Ereignisse.

Eine zwielichtige Gestalt,
die anderen leuchtet.

Wenn ich aber den Menschen Angst einflößte,
oder nur Widerwillen
oder nur Mitleid?

Wenn ich nicht im richtigen Stamm
zur Welt gekommen wäre
und mir die Wege verschlossen blieben?

Das Schicksal war mir
bisher gnädig.

Mir wäre das Gedächtnis
für gute Augenblicke nicht gegeben.

Mir wäre die Neigung
zu vergleichen genommen.

Ich hätte ich selbst sein können – doch ohne
                    Staunen,
und das würde bedeuten,
jemand ganz anderer.

FERNANDO PESSOA

Ode XXXIX

Um groß zu sein, sei ganz: entstelle und
verleugne nichts, was dein ist.
Sei ganz in jedem Ding. Leg, was du bist,
in dein geringstes Tun.
So glänzt in jedem See der ganze Mond,
denn er steht hoch genug.

EVA STRITTMATTER

Glaube I

In Ermangelung eines besseren Glaubens
Glaube ich an mich.
Ich sage mir: daß du da bist, ist wichtig
Und: Es geht nicht ohne dich.
Dabei hab ich in Skopje gesehn,
Wie nach dem großen Beben,
Als wärn all die Tode nicht geschehen,
Die Lebenden weiterleben.
Und jeder war wichtig, der da verging,
Und es ging vorher ohne keinen
Von ihnen ... Gesprengt ist der Ring,
Nur noch Schatten über den Steinen.
Aber wir haben keine Wahl,
Als an uns festzuhalten.
Bei uns beginnt die Milliardenzahl.
Und wir müssen sie gestalten.

ELISABETH BORCHERS

Bericht vom Ende
der Belagerung einer Person

Im Augenblick äußerster Not
greife ich zu den Waffen.

Ich bedrohe die mich Bedrohenden
Ich lasse im Stich die mich im Stich Lassenden
Ich kündige den Notdürftigen
Ich trenne das Wort ab von den Rednern
Ich hinterlasse die Halbheiten
und die Mitleidenschaften
Ich setze mich ab von der Berechenbarkeit
                    der Tage
und der Unberechenbarkeit.
Ich bereite dem Ende ein Ende.

Ich beginne den Anfang vom Anfang
Ich ordne die Giebel des Dachs
und ich ordne die Zeiger der Uhr
und verwildere die Zweige des Herzens
und stehe auf.
Auf Befehl des allerhöchsten Ich.

GERALD ZSCHORSCH

Die Schöpfung

Gib die Pose auf,
du bist nicht an der Bühne.
Gib die Leier auf,
du gehst auf keinen Strich.

Sei ganz einfach Frau,
sei Schuld und Sühne.
Nimm den Apfel stolz
und sage: Ich.

MAYA ANGELOU
Unglaubliche Frau

Schöne Frauen fragen sich: Was mag ihr
                Geheimnis sein?
Ich bin nicht süß und passe nicht in Model-
                größen rein.
Doch will ich es ihnen erklären,
Denken sie: Das kann nicht sein.
Ich sage:
Es ist die Spanne meiner Arme,
Die Breite meiner Hüften,
Mein ausgreifender Gang,
Und mein Lippenschürzen.
Ich bin eine Frau,
Ganz unglaublich.
Unglaubliche Frau,
Das bin ich.

So kühl, wie ihr nur wollt,
Betret ich einen Raum,
Gehe zu auf einen Mann.
Die Kumpels stehn und starrn
Oder fallen auf die Knie.
Summen dann um mich herum,
Der reinste Bienenschwarm.

Ich sage:
Es ist das Feuer in meinen Augen
Und meiner Zähne Blitzen,
Der Schwung in meiner Taille
Und meiner Füße Ergötzen.
Ich bin eine Frau,
Ganz unglaublich.
Unglaubliche Frau,
Das bin ich.

Die Männer selbst trieb es um,
Was sie eigentlich an mir finden.
Doch wie sie's auch drehen und wenden,
Sie kriegen es nicht zu fassen,
Mein inneres Mysterium.
Versuche ich's ihnen zu zeigen,
Gucken sie immer noch dumm.
Ich sage:
Es ist die Biegung meines Rückens,
Meines Lächelns Sonnenglut,
Das Wippen meiner Brüste,
Meines ganzen Stiles Anmut.
Ich bin eine Frau,
Ganz unglaublich.
Unglaubliche Frau,
Das bin ich.

Jetzt begreift ihr wohl,
Warum mein Kopf nicht hängt.
Ich muss nicht Kobolz schießen oder schrein,
Vorlaut sein ganz ungemein.
Wenn ihr mich vorbeigehn seht,
Könnt ihr stolz auf mich sein.
Ich sage:
Es ist das Klacken meiner Hacken
Und wie mein Haar sich wellt,
Der Teller meiner Hand,
Meine Zuwendung, die ihnen fehlt.
Denn ich bin eine Frau,
Ganz unglaublich.
Unglaubliche Frau,
Das bin ich.

GOTTFRIED BENN

Eine Hymne

Mit jener Eigenschaft der großen Puncher:
Schläge hinnehmen können
stehn,

Feuerwasser in der Kehle gurgeln
sub- und supraatomar
dem Rausch begegnet sein,
Sandalen
am Krater lassen wie Empedokles
und dann hinab,

nicht sagen: Wiederkehr
nicht denken: halb und halb,
Maulwurfshügel freigeben
wenn Zwerge sich vergrößern wollen,
allroundgetafelt bei sich selbst
unteilbar
und auch den Sieg verschenken können –

eine Hymne solchem Mann.

ROSE AUSLÄNDER

Noch bist du da

Noch bist du da
Wirf deine Angst
in die Luft

Bald
ist deine Zeit um
bald
wächst der Himmel
unter dem Gras
fallen deine Träume
ins Nirgends

Noch
duftet die Nelke
singt die Drossel
noch darfst du lieben
Worte verschenken
noch bist du da

Sei was du bist
Gib was du hast

———

WILLIAM ERNEST HENLEY
Invictus

Aus finstrer Nacht, die mich umragt,
    durch Dunkelheit mein' Geist ich quäl.
Ich dank, welch' Gott es geben mag,
    dass unbezwung'n ist meine Seel.

Trotz Pein, die mir das Leben war,
    man sah kein Zucken, sah kein Toben.
Des Schicksals Schläg in großer Schar.
    Mein Haupt voll Blut, doch stets er-
    hob'n.

Jenseits dies Orts voll Zorn und Tränen,
    ragt auf der Alp der Schattenwelt.
Stets finden mich der Welt Hyänen.
    Die Furcht an meinem Ich zerschellt.

Egal, wie schmal das Tor, wie groß,
    wie viel Bestrafung ich auch zähl.
Ich bin der Meister meines Los'.
    Ich bin der Käpt'n meiner Seel.

MAYA ANGELOU
Dennoch erhebe ich mich

Ihr mögt mich niederschreiben, Geschichte
Mit bitteren Lügen zurechtzwirbeln,
Ihr mögt mich in den übelsten Dreck treten,
Ich werde, wie Staub, dennoch aufwirbeln.

Regt euch meine Frechheit auf?
Warum plagt euch düstres Brodeln?
Weil ich gehe, als hätt' ich Ölquellen
In meinem Wohnzimmer sprudeln.

Ganz wie Monde und wie Sonnen,
So verlässlich wie Gezeiten,
Ganz wie Hoffnung, hoch aufsprießend,
Werde ich immer noch steigen.

Wolltet ihr mich gebrochen sehen?
Mit hängendem Kopf, Augen niedergeschlagen?
Mit wie Tränen fallenden Schultern,
Schwach von schwermütigen Klagen?

Kränkt euch meine Arroganz?
Haltet ihr es nicht mehr aus,

Weil ich lach', als hätt' ich Goldminen
Gleich hinter meinem Haus?

Ihr mögt mich mit euren Worten erschießen,
Ihr mögt mich mit euren Blicken zerschneiden,
Ihr mögt mich töten mit eurem Hass,
Ich werde, wie Luft, dennoch aufsteigen.

Regt mein Sex-Appeal euch auf?
Macht es euch vor Schreck beklommen,
Dass ich tanze, als hätt' ich Diamanten
Dort, wo meine Schenkel zusammenkommen?

Aus den Hütten historischer Erniedrigtheit
Erhebe ich mich
Von einer Vergangenheit wurzelnd in Leid
Erhebe ich mich
Schwarzer Ozean, Springflut auf unermesslichem
                              Raum,
Hervorquellend und anschwellend überdauere ich
                              im Gezeitenstrom.

Nächte aus Furcht und Schrecken hinter mir
                              lassend
Erhebe ich mich
In einem Tagesanbruch, der wundersam klar ist

Erhebe ich mich
Mit mir bringend, was meine Vorfahren gaben,
Bin ich der Traum und die Hoffnung der Sklaven.
Ich erhebe mich
Ich erhebe mich
Ich erhebe mich.

ELISABETH BORCHERS
Es lebe die Not

Es lebe die Not. Wer sie hat
ist noch lange nicht tot.

Zünd das Licht an im Verstand.
Nur so überlebst du
vom Mund
in die Hand.

MAX FRISCH

Sprüchlein

Was fragt dein Herz
Nach Trost und Sinn?
Es fühlt den Schmerz,
Es fühlt: Ich bin!

CHRISTIAN MORGENSTERN

»Trostlos?«

»Trostlos?« Das Wort ist mir entschwunden,
seitdem ich Mich in mir gefunden habe.

ROBERT GERNHARDT
Nicht mit mir

Mich gibt es doch nur einmal
Mich kann man doch nicht abservier'n
Mich will man halten, nicht verlier'n
Und – Teufel auch! – begraben.

Ich bin bei Gott ein Einzelstück
So'n Stück gibt man doch nicht zurück
Das hebt man auf und preist sein Glück:
Wie schön, dass wir dich haben!

JOACHIM RINGELNATZ
Schenken

Schenke groß oder klein,
Aber immer gediegen.
Wenn die Bedachten
Die Gaben wiegen,
Sei dein Gewissen rein.

Schenke herzlich und frei.
Schenke dabei,
Was in dir wohnt
An Meinung, Geschmack und Humor,
So dass die eigene Freude zuvor
Dich reichlich belohnt.

Schenke mit Geist ohne List.
Sei eingedenk,
Dass dein Geschenk
Du selber bist.

CZESŁAW MIŁOSZ

Beispiel

Meine achtzigjährige Freundin schreibt in ihrem
            Tagebuch:
»Ich hatte weder Zeit noch Lust mir Sorgen zu
            machen.«
Ihr gutes Beispiel bestärkt mich.

Die Wilia glitzert, es ist Vollmond, hinter der Anlege-
            stelle des Akademischen Sportvereins
Lieben wir uns. Und dieser Augenblick tröstet mich
            immer wieder,
Auch wenn es in meinem Herzen viel Bitternis ge-
            geben hat.

Vor dem Antlitz des Herrn singen und tanzen!
Einfach deshalb, weil Klagen überflüssig sind,
Wie meine tapfere, unbezwingbare Irena sagt.

HANS MAGNUS ENZENSBERGER

Der Ausweg

Es gibt ihn nicht immer,
aber immerhin
öfter als du gedacht hast.
Natürlich nur dann,
wenn du am Ende bist,
findest du sie,
die schmale heimliche Stelle,
das Schlupfloch, die Hintertür.

Auf der anderen Seite
stehst du geblendet im Freien.
Kaum zu glauben:
an diesem frisch gestrichenen Tag
steht die Geschichte still,
die alte Geschichte.
Niemand brüllt.
Bis zum nächsten Mal.

JOACHIM RINGELNATZ

Und auf einmal steht es neben dir

Und auf einmal merkst du äußerlich:
Wie viel Kummer zu dir kam,
Wie viel Freundschaft leise von dir wich,
Alles Lachen von dir nahm.

Fragst verwundert in die Tage,
Doch die Tage hallen leer.
Dann verkümmert deine Klage ...
Du fragst niemanden mehr.

Lernst es endlich, dich zu fügen,
Von den Sorgen gezähmt.
Willst dich selber nicht belügen
Und erstickst es, was dich grämt.

Sinnlos, arm erscheint das Leben dir,
Längst zu lang ausgedehnt. – –
Und auf einmal – –: Steht es neben dir,
An dich angelehnt – –
Was?
Das, was du so lang ersehnt.

GÜNTER BRUNO FUCHS
Für ein Kind

Ich habe gebetet. So nimm von der Sonne und geh.
Die Bäume werden belaubt sein.
Ich habe den Blüten gesagt, sie mögen dich
schmücken.

Kommst du zum Strom, da wartet ein Fährmann.
Zur Nacht läutet sein Herz übers Wasser.
Sein Boot hat goldene Planken, das trägt dich.

Die Ufer werden bewohnt sein.
Ich habe den Menschen gesagt, sie mögen dich
lieben.
Es wird dir einer begegnen, der hat mich gehört.

RAINER MARIA RILKE

Du musst das Leben nicht verstehen

Du musst das Leben nicht verstehen,
dann wird es werden wie ein Fest.
Und lass dir jeden Tag geschehen
so wie ein Kind im Weitergehen
von jedem Wehen
sich viele Blüten schenken lässt.

Sie aufzusammeln und zu sparen,
das kommt dem Kind nicht in den Sinn.
Es löst sie leise aus den Haaren,
drin sie so gern gefangen waren,
und hält den lieben jungen Jahren
nach neuen seine Hände hin.

HERMANN HESSE
Voll Blüten

Voll Blüten steht der Pfirsichbaum,
Nicht jede wird zur Frucht,
Sie schimmern hell wie Rosenschaum
Durch Blau und Wolkenflucht.

Wie Blüten gehn Gedanken auf,
Hundert an jedem Tag –
Lass blühen! lass dem Ding den Lauf!
Frag nicht nach dem Ertrag!

Es muss auch Spiel und Unschuld sein
Und Blütenüberfluss,
Sonst wär die Welt uns viel zu klein
Und Leben kein Genuss.

KARL KROLOW

Licht

für Siegfried Unseld

Immer weiter gehn und immer weiter
bei geschlossnen Augen oder auch
deine Augen weit geöffnet: heiter
wird die Welt und blüht als Wunderstrauch.

Licht fällt leicht aus einem hohen Himmel
und du wirst von dir weit fort geführt
ohne Staunen über das Gewimmel
einer Ferne, die du aufspürst

und die summt am Horizont. Dahinter
gibt es für die Augen nur zu sehn
Länder ohne Sommer oder Winter:
Licht, an dem die Augen übergehn.

RUMI

Das Gästehaus

Der Mensch ist ein Gästehaus.
Jeden Morgen eine neue Ankunft.
Eine Freude, eine Depression, eine Gemeinheit,
ein Moment der Bewusstheit: Sie
kommen als unerwartete Besucher.

Heiße sie alle willkommen und bewirte sie.
Selbst wenn sie eine Bande Kummer sind,
die durch dein Haus fegt und die Möbel
                        hinauswirft:
Erweise jedem Gast die Ehre.
Vielleicht räumt er dich leer
für neue Freuden.

Der düstere Gedanke, die Scham, die Bosheit:
Begrüße sie lachend an der Tür
und bitte sie herein.

Sei dankbar für jeden, der kommt,
denn jeder ist dir geschickt als ein Führer
von der anderen Welt.

RAINER MALKOWSKI
Was wichtig ist

Unerwarteter Gesang.

Die Treue zu Bäumen,
die nicht in den Himmel wachsen.

Alles, was du nicht kannst.

Nachsicht und Unnachgiebigkeit
im richtigen Verhältnis.

Schlecht rechnen
in Menschendingen.

JOACHIM RINGELNATZ
Freude

Freude soll nimmer schweigen.
Freude soll offen sich zeigen.
Freude soll lachen, glänzen und singen.
Freude soll danken ein Leben lang.
Freude soll dir die Seele durchschauern.
Freude soll weiterschwingen.
Freude soll dauern
Ein Leben lang.

WOLF BIERMANN

Ermutigung

Peter Huchel gewidmet

Du, lass dich nicht verhärten
In dieser harten Zeit
Die all zu hart sind, brechen,
Die all zu spitz sind, stechen
und brechen ab sogleich

Du, lass dich nicht verbittern
In dieser bittren Zeit
Die Herrschenden erzittern
– sitzt du erst hinter Gittern –
Doch nicht vor deinem Leid

Du, lass dich nicht erschrecken
In dieser Schreckenszeit
Das wolln sie doch bezwecken
Dass wir die Waffen strecken
Schon vor dem großen Streit

Du, lass dich nicht verbrauchen
Gebrauche Deine Zeit
Du kannst nicht untertauchen

Du brauchst uns, und wir brauchen
Grad deine Heiterkeit

Wir wolln es nicht verschweigen
In dieser Schweigezeit
Das Grün bricht aus den Zweigen
Wir wolln das allen zeigen
Dann wissen sie Bescheid

ROSE AUSLÄNDER

Manchmal

Manchmal
spricht ein Baum
durch das Fenster
mir Mut zu

Manchmal
leuchtet ein Buch
als Stern
auf meinem Himmel

Manchmal
ein Mensch
den ich nicht kenne
der meine Worte
erkennt

ERICH KÄSTNER

Und überhaupt!

Und überhaupt
trotz Tod und tausend Teufeln:
Solang auch nur noch Einer an Dich glaubt,
hast Du kein Recht, persönlich zu verzweifeln.
Das ist ganz einfach nicht erlaubt!

MASCHA KALÉKO

Weil Deine Augen so voll Trauer sind

Weil Deine Augen so voll Trauer sind,
Und Deine Stirn so schwer ist von Gedanken,
Lass mich Dich trösten, so wie man ein Kind
In Schlaf einsingt, wenn letzte Sterne sanken.

Die Sonne ruf ich an, das Meer, den Wind,
Dir ihren hellsten Sonnentag zu schenken,
Den schönsten Traum auf Dich herabzusenken,
Weil Deine Nächte so voll Wolken sind.

Und wenn Dein Mund ein neues Lied beginnt,
Dann will ich Meer und Wind und Sonne danken,
Weil Deine Augen so voll Trauer sind,
Und Deine Stirn so schwer ist von Gedanken.

ERICH KÄSTNER

Mut zur Trauer

Sei traurig, wenn du traurig bist,
und steh nicht stets vor deiner Seele Posten!
Den Kopf, der dir ans Herz gewachsen ist,
wird's schon nicht kosten.

CARLOS DRUMMOND DE ANDRADE

Trost am Strand

Geh, nicht weinen ...
Die Kindheit ist verloren.
Die Jugend ist verloren.
Aber das Leben ging nicht verloren.

Die erste Liebe ist vergangen.
Die zweite Liebe ist vergangen.
Die dritte Liebe ist vergangen.
Aber das Herz schlägt weiter.

Du hast deinen besten Freund verloren.
Du hast keine Reise gewagt.
Du besitzt weder Haus, Schiff noch Land.
Aber du hast einen Hund.

Einige harte Worte
in sanftem Ton haben dich verletzt.
Nie, nie werden sie vernarben.
Aber wie steht es mit dem Humor?

Für die Ungerechtigkeit gibt es keine Lösung.
Im Schatten der verirrten Welt

hast du schüchternen Protest gemurmelt.
Aber andere werden kommen.

Alles in allem müsstest du dich
endgültig ins Wasser stürzen.
Nackt liegst du im Sand, im Wind ...
Schlafe, mein Sohn.

JOACHIM RINGELNATZ
Kopf hoch mein Freund!

Lass sie nur die Köpfe hängen lassen,
Wenn die Köpfe ihre eignen sind.
Wir, wir wollen unsre Segel brassen
In den Wind.

Wir, in unserm Alter, wollen wissen,
Dass der Weg nun wieder rückwärts führt. –
Glücklich, wer den freien Drang noch spürt,
Das Getrunkne über Bord zu pissen.

Wenn die Wetter lange düster grollen,
Glücklich, wer dann trotzig lächeln kann,
Ohne Herr der Woge sein zu wollen;
Sondern nur »auf See ein Fahrensmann«.

GIUSEPPE UNGARETTI

Freude der Schiffbrüche

Und plötzlich nimmst du
die Fahrt wieder auf
wie
nach dem Schiffbruch
ein überlebender
Seebär

DEREK WALCOTT
Liebe nach Liebe

Die Zeit wird kommen,
wenn du mit Schwung
dich selbst an deiner eigenen Tür
begrüßen wirst, in deinem eigenen Spiegel,
und jeder wird beim Gruß des anderen lächeln

und sagen, setz dich hier hin. Iss.
Du wirst wieder den Fremden lieben, der du warst.
Gib Wein. Gib Brot. Gib dein Herz sich selbst
zurück, dem Fremden, der dich geliebt hat

dein ganzes Leben, den du wegen eines anderen
übersahst, der dich inwendig kennt.
Nimm die Liebesbriefe vom Bücherbord herunter,

die Photographien, die verzweifelten Zeilen,
pelle dein Bild vom Spiegel ab.
Setz dich. Schmause von deinem Leben.

PHILIP LARKIN

Bäume

Die Bäume setzen wieder Knospen an,
wie etwas fast Gesagtes;
die jungen Triebe dehnen sich und sprießen,
ihr Grün ist eine Art von Traurigkeit.

Liegt's daran, dass sie immer wiederkehren
und wir älter werden? Nein, sie sterben auch.
Ihr Kunststück, jedes Jahr ganz neu zu sein,
kerbt sich in Ringen in die Rinde ein.

Und doch, die ruhelosen Burgen schlagen
mit voller Dichte aus in jedem Mai,
das letzte Jahr ist tot, so scheinen sie zu sagen,
fang wieder neu an, neu.

WISŁAWA SZYMBORSKA

Trost

Darwin.
Angeblich las er zur Entspannung Romane.
Doch er stellte Ansprüche:
Sie durften nicht traurig enden.
Wenn er auf einen traurigen stieß,
warf er ihn wütend ins Feuer.

Ob's stimmt oder nicht –
ich glaub es gern.

Sein Geist durchmaß so viele Gebiete und Zeiten,
er sah sich so viele ausgestorbene Gattungen an,
Triumphe der Stärkeren über die Schwächeren,
so viele Überlebensversuche,
früher oder später vergeblich,
dass er sich zumindest von der Fiktion
und ihrer Mikroskala
mit Recht ein Happy-End erhoffte.

Also unbedingt: ein Lichtstrahl hinter den Wolken,
die Geliebten wieder vereint, die Familien versöhnt,
die Zweifel zerstreut, die Treue belohnt,

das Vermögen zurückgewonnen, die Schätze
                    ausgegraben,
die Nachbarn zerknirscht über ihre Sturheit,
der gute Name wiederhergestellt, die Habgier
                    beschämt,
die alten Jungfern an ehrbare Pastoren vergeben,
die Intriganten auf die andere Halbkugel verbannt,
die Dokumentenfälscher von der Treppe gestoßen,
die Mädchenverführer auf dem Weg zum Altar,
die Waisen in Obhut, die Witwen beruhigt,
der Hochmut ganz klein, die Wunden verheilt,
die verlorenen Söhne an den Tisch gebeten,
der bittere Kelch ins Meer geleert,
die Taschentücher nass von Freudentränen,
allgemeines Singen und Musizieren,
und das Hündchen Fido,
schon im ersten Kapitel verschwunden –
möge es wieder durchs Haus laufen
und fröhlich bellen.

Autoren- und Quellenverzeichnis

CARLOS DRUMMOND DE ANDRADE *(1902 in Itabira, Minas Gerais, Brasilien – 1987 in Rio de Janeiro), brasilianischer Lyriker Trost am Strand*. Aus: Carlos Drummond de Andrade, Gedichte. Portugiesisch und deutsch. Auswahl, Übertragung und Nachwort von Curt Meyer-Clason. © Suhrkamp Verlag Frankfurt am Main 1965 und 1982

MAYA ANGELOU *(1928 in St. Louis, Missouri – 2014 in Winston-Salem, North Carolina), US-amerikanische Prosaschriftstellerin, Lyrikerin, Professorin und Bürgerrechtlerin Dennoch erhebe ich mich; Unglaubliche Frau*. Aus: Maya Angelou, Phänomenale Frauen. Gedichte. Ausgewählt u. aus dem Amerikanischen übersetzt v. Judith Zander. © der deutschen Ausgabe Suhrkamp Verlag Berlin 2020

ROSE AUSLÄNDER *(1901 in Czernowitz, Österreich-Ungarn – 1988 in Düsseldorf), aus der Bukowina stammende deutsch- und englischsprachige Lyrikerin Manchmal*. Aus: Rose Ausländer, Wieder ein Tag aus Glut und Wind. Gedichte 1980-1982. © S. Fischer Verlag GmbH, Frankfurt am Main 1986. [S. 35]; *Noch bist du da*. Aus: Rose Ausländer, Ich höre das Herz des Oleanders. Gedichte 1977-1979. © S. Fischer Verlag GmbH, Frankfurt am Main 1984

GOTTFRIED BENN *(1886 in Mansfeld, Brandenburg – 1956 in Berlin) Eine Hymne*. Aus: Gottfried Benn, Sämtliche Gedichte. © Klett-Cotta, Stuttgart 1998

WOLF BIERMANN *(geb. 1936 in Hamburg) Ermutigung*. Aus: Wolf Biermann, Alle Lieder. Hoffmann & Campe Verlag, Hamburg. Copyright © 1966 by Wolf Biermann

ELISABETH BORCHERS *(1926 in Homberg, Niederrhein – 2013 in Frankfurt am Main) Bericht vom Ende der Belagerung einer Person*; *Es lebe die Not*. Aus: Elisabeth Borchers, Wer lebt. Gedichte. © Suhrkamp Verlag Frankfurt am Main 1986

BERTOLT BRECHT *(1898 in Augsburg – 1956 in Ost-Berlin) Gegen Verführung*. Aus: Bertolt Brecht, Die Gedichte. Hg. v. Jan Knopf. © Bertolt-Brecht-Erben und Suhrkamp Verlag Frankfurt am Main 2007

HANS MAGNUS ENZENSBERGER *(geb. 1929 in Kaufbeuren) Der Ausweg*. Aus: Hans Magnus Enzensberger, Die Geschichte der Wolken. 99 Meditationen. © Suhrkamp Verlag Frankfurt am Main 2003; *Ein ominöser Ratschlag*. Aus: Hans Magnus Enzensberger, Wirrwarr. © Suhrkamp Verlag Berlin 2020

MAX FRISCH *(1911 in Zürich – 1991 ebenda) Sprüchlein*. Aus: Max Frisch, Gesammelte Werke in zeitlicher Folge. 1931-1985. Band I: 1931-1944. Hg. v. Hans Mayer unter Mitwirkung v. Walter Schmitz. © Suhrkamp Verlag Frankfurt am Main 1986

GÜNTER BRUNO FUCHS *(1928 in Berlin – 1977 ebenda) Für ein Kind*. Aus: Günter Bruno Fuchs, Gemütlich summt das Vaterland. Gedichte, Märchen, Sprüche und allerhand Schabernack. Zusammengestellt v. Michael Krüger. © 1984 Carl Hanser Verlag, München Wien

ROBERT GERNHARDT *(1937 in Tallinn, Estland – 2006 in Frankfurt am Main) Nicht mit mir*; *Sinngedicht*. Aus: Robert Gernhardt, Gesammelte Gedichte 1954-2006. © S. Fischer · Verlag GmbH, Frankfurt am Main 2008

WILLIAM ERNEST HENLEY *(1849 in Gloucester, Gloucestershire – 1903 in Woking, Surrey), englischer Schriftsteller Invictus*. Aus: The New Oxford Book of English Verse 1250-1950. Hg. v. Helen Gardner. Oxford University Press 1972. Der Name der Übersetzerin oder des Übersetzers konnte nicht ermittelt werden.

HERMANN HESSE *(1877 in Calw – 1962 in Montagnola, Schweiz), deutsch-schweizerischer Schriftsteller, Dichter und Maler, 1946 mit dem Nobelpreis für Literatur ausgezeichnet Voll Blüten*. Aus: Hermann Hesse, Sämtliche Werke. Hg. v. Volker Michels. Band 10: Die Gedichte. Bearb. v. Peter Huber. © 2002 Suhrkamp Verlag, Frankfurt am Main

MIROSLAV HOLUB *(1923 in Plzeň – 1998 in Praha), tschechischer Dichter und Arzt Die Tür*. Aus: Miroslav Holub, Obwohl ... Gedichte. Auswahl und Übertragung aus dem Tschechischen von Franz Peter Künzel. © Carl Hanser Verlag, München und Wien 1969

MASCHA KALÉKO *(1907 im galizischen Chrzanów, Österreich-Ungarn – 1975 in Zürich), deutschsprachige Lyrikerin Rezept; Weil Deine Augen so voll Trauer sind*. Aus: Mascha Kaléko, Sämtliche Werke und Briefe in vier Bänden. Hg. v. Jutta Rosenkranz. © 2012 dtv Verlagsgesellschaft, München

ERICH KÄSTNER *(1899 in Dresden – 1974 in München) Mut zur Trauer*. Aus: Doktor Erich Kästners lyrische Hausapotheke. © 1936 by Atrium Verlag, Zürich und Thomas Kästner; *Und überhaupt!* Aus: Erich Kästner, Zeitgenossen, haufenweise. Gedichte. Hg. v. Harald Hartung in Zusammenarbeit mit Nicola Brinkmann. Carl Hanser Verlag, München/Wien 1998. © Thomas Kästner; *Warnung*. Aus: Erich Kästner, Doktor Erich Kästners lyrische Hausapotheke. © 1936 by Atrium Verlag, Zürich und Thomas Kästner

KARL KROLOW *(1915 in Hannover – 1999 in Darmstadt) Licht*. Aus: Karl Krolow, Meine Gedichte. © Suhrkamp Verlag Frankfurt am Main 1990

GÜNTER KUNERT *(1929 in Berlin – 2019 in Kaisborstel, Schleswig-Holstein) Ikarus 64*. Aus: Günter Kunert,

Verkündigung des Wetters. Gedichte. © Carl Hanser Verlag, München und Wien 1966

PHILIP LARKIN *(1922 in Coventry – 1985 in Hull), englischer Dichter Bäume*. Aus: Philip Larkin, Gedichte. Ausg. u. übertr. v. Waltraud Anna Mitgusch. © der deutschen Übersetzung Ernst Klett Verlage GmbH und Co. KG 1988. ›The Trees‹ from *Collected Poems* by Philip Larkin, edited with an introduction by Anthony Thwaite. Faber & Faber 2003. © The Estate of Philip Larkin, 1988, 2003. Reprinted by permission of Faber & Faber Ltd

RAINER MALKOWSKI *(1939 in Berlin – 2003 in Brannenburg) Mach weiter*; Was wichtig ist. Aus: Rainer Malkowski, Die Gedichte. Mit einem Nachwort v. Nico Bleutge. © Wallstein Verlag, Göttingen 2009

CZESŁAW MIŁOSZ *(1911 in Šeteniai, Russisches Kaiserreich, heute Litauen – 2004 in Krakau, Polen), polnischer Dichter, 1980 ausgezeichnet mit dem Nobelpreis für Literatur Beispiel*. Aus: Czesław Miłosz, DAS und andere Gedichte. Aus dem Polnischen von Doreen Daume. © 2004 Carl Hanser Verlag, München Wien

CHRISTIAN MORGENSTERN *(1871 in München – 1914 in Untermais, Tirol, Österreich-Ungarn) »Trostlos?«*. Aus: Christian Morgenstern, Gedichte in einem Band. Hg. v. Reinhardt Habel. Insel Verlag, Frankfurt am Main und Leipzig 2003

FERNANDO PESSOA *(1888 in Lissabon – 1935 ebenda), portugiesischer Dichter und Schriftsteller Ode XXXIX*. Aus: Fernando Pessoa, Ricardo Reis, Poesia – Poesie. Aus dem Portugiesischen übersetzt und hg. v. Inés Koebel. © 2005 Ammann Verlag, Zürich

RAINER MARIA RILKE *(1875 in Prag, Österreich-Ungarn – 1926 im Sanatorium Valmont bei Montreux, Schweiz) Du musst das Leben nicht verstehen.* Aus: Rainer Maria Rilke, Die Gedichte. Insel Verlag Frankfurt am Main 1986

JOACHIM RINGELNATZ *(1883 in Wurzen, Sachsen – 1934 in Berlin) Freude*; *Kopf hoch mein Freund!*; *Schenken*; *Und auf einmal steht es neben dir.* Aus: Joachim Ringelnatz, Sämtliche Gedichte. Diogenes Verlag, Zürich 2005

PETER RÜHMKORF *(1929 in Dortmund – 2008 in Roseburg, Schleswig-Holstein) Auf was nur einmal ist*; *Bleib erschütterbar und widersteh.* Aus: Peter Rühmkorf, Gedichte – Werke 1. Hg. v. Bernd Rauschenbach. Copyright © 2000 Rowohlt Verlag GmbH, Reinbek bei Hamburg

RUMI *(1207 in Balch, heute in Afghanistan – 1273 in Konya, Türkei), persischer Sufi-Mystiker, Gelehrter und Dichter Das Gästehaus.* Aus dem Englischen übersetzt von Margrit Irgang (nach der englischen Übersetzung von Coleman Barks)

PEDRO SALINAS *(1891 in Madrid – 1951 in Boston, USA), spanischer Dichter und Schriftsteller Wach auf.* Aus: Pedro Salinas, Gedichte. Poemas. Spanisch und deutsch. Ausgewählt und übertragen von Rudolf Wittkopf. © Suhrkamp Verlag Frankfurt am Main 1990

EVA STRITTMATTER *(1930 in Neuruppin – 2011 in Berlin) Glaube I.* Aus: Eva Strittmatter, Sämtliche Gedichte. Erw. Neuausgabe, Aufbau Verlage, Berlin 2015. (Das Gedicht erschien erstmals 1977 in Eva Strittmatters Gedichtband »Die eine Rose überwältigt alles«). © Aufbau Verlage GmbH & Co. Kg Berlin 1973, 2015

WISŁAWA SZYMBORSKA *(1923 in Prowent, Polen – 2012 in Krakau, Polen), polnische Dichterin, 1996 ausgezeichnet mit dem Nobelpreis für Literatur Im Gewimmel.* Aus: Wisława Szymborska, Der Augenblick. Chwila. Polnisch und deutsch. Übertragen und hg. v. Karl Dedecius. © der deutschen

Ausgabe Suhrkamp Verlag Frankfurt am Main 2005; *Trost*. Aus: Wisława Szymborska, Glückliche Liebe und andere Gedichte. Aus dem Polnischen von Renate Schmidgall und Karl Dedecius. © der deutschen Ausgabe Suhrkamp Verlag Berlin 2012

GIUSEPPE UNGARETTI *(1888 in Alexandria – 1970 in Mailand), italienischer Dichter Freude der Schiffbrüche*. Aus dem Italienischen von Ingeborg Bachmann. Aus: Museum der modernen Poesie. Eingerichtet von Hans Magnus Enzensberger. © 1960, 2002 Suhrkamp Verlag Frankfurt am Main. Abdruck mit freundlicher Genehmigung des Verlags Arnoldo Mondadori, Mailand

DEREK WALCOTT *(1930 auf der karibischen Insel St. Lucia – 2017 ebendort), lucianisch-britischer Dichter und Schriftsteller, 1992 mit dem Nobelpreis für Literatur ausgezeichnet Liebe nach Liebe*. Aus: Derek Walcott, Erzählungen von den Inseln. Ausgewählt und aus dem Englischen von Klaus Martens. © der deutschen Übersetzung 1993 Carl Hanser Verlag, München und Wien. ›Love After Love‹ from *The Poetry of Derek Walcott 1948-2013* by Derek Walcott, selected by Glyn Maxwell. Copyright © 2014 by Derek Walcott. Reprinted by permission of Farrar, Straus and Giroux

GERALD ZSCHORSCH *(geb. 1951 in Elsterberg, Sachsen) Die Schöpfung*. Aus: Gerald Zschorsch, Zur elften Stunde. Gedichte. © Suhrkamp Verlag Frankfurt am Main 2009

Inhalt

Und auf einmal steht es neben dir

Fang wieder neu an, neu

4. Auflage 2025 • © Insel Verlag Anton Kippenberg GmbH & Co.KG, Berlin 2020 • Alle Rechte vorbehalten. Wir behalten uns auch eine Nutzung des Werks für Text und Data Mining im Sinne von § 44b UrhG vor. • Bezugspapier: Breakwater Lemon by Christopher Farr Cloth, London • Gesetzt in der Schrift Milo Serif OT • Gedruckt auf holzfreies, alterungsbeständiges Werkdruckpapier der Firma LENK Paper Schleipen GmbH, Bad Dürkheim, von der Memminger MedienCentrum AG, Memmingen. • Gebunden in Fadenheftung von der Josef Spinner Großbuchbinderei GmbH, Ottersweier. • Erste Auflage 2020 • Printed in Germany • ISBN 978-3-458-20526-5

Insel Verlag Anton Kippenberg GmbH & Co. KG
Torstraße 44, 10119 Berlin
info@insel-verlag.de
www.insel-verlag.de